GEORGE WASHINGTON

PADRE DE LA PATRIA

TRACIE EGAN

TRADUCCIÓN AL ESPAÑOL:
EIDA DE LA VEGA

Published in 2004 by The Rosen Publishing Group, Inc.
29 East 21st Street, New York, NY 10010

Copyright © 2004 by The Rosen Publishing Group, Inc.

First Spanish Edition 2004
First English Edition 2004

All rights reserved. No part of this book may be reproduced in any form without permission in writing from the publisher, except by a reviewer.

Library of Congress Cataloging-in-Publication Data

Egan, Tracie.
[George Washington. Spanish]
George Washington: padre de la patria / Tracie Egan; traducción al español, Eida de la Vega.
　　p. cm. – (Grandes personajes en la historia de los Estados Unidos)
Summary: A biography of the commander-in-chief of the Continental army and first president of the United States, George Washington.
Includes bibliographical references (p.　) and index.
ISBN 0-8239-4135-3 (lib. bdg.)
ISBN 0-8239-4229-5 (pbk.)
6-pack ISBN 0-8239-7606-8
1. Washington, George, 1732-1799–Juvenile literature. 2.Presidents—United States—Biography—Juvenile literature. 3.Generals—United States—Biography—Juvenile literature. [1. Washington, George,
1732—1799. 2. Presidents. 3. Spanish language materials.]
I. Title. II. Series: Primary sources of famous people in American history. Spanish.
E312.66.E3518 2003
973.4'1'092–dc21

　　　　　　　　　　　　　　　　　　　　　　　　　　　　　　　　　　　　2003006443

Manufactured in the United States of America

Photo credits: cover © Bequest of Mrs. Benjamin Ogle Tayloe, Collection of the Corcoran Gallery of Art/Corbis; pp. 5 (top), 18 Library of Congress Geography and Map Division; p. 5 (bottom) National Portrait Gallery, Smithsonian Institution/Art Resource, NY; pp. 6, 7 (bottom), 29 courtesy of the Mt. Vernon Ladies' Association; pp. 7 (top), 21, 23 (bottom), 24 Library of Congress Manuscript Division; p. 9 (top) Edward Savage, *The Washington Family*, Andrew W. Mellon Collection, photo © 2003 Board of Trustees, National Gallery of Art, Washington; p. 9 (bottom) Robert Creamer and the Dr. Samuel D. Harris National Museum of Dentistry; pp. 10, 19 © Bettmann/Corbis; p. 11 Washington-Curtis-Lee Collection, Washington and Lee University, Lexington, VA; p.13 © Hulton/Archive/Getty Images; pp. 14, 23 (top) Library of Congress Prints and Photographs Division; p. 15 The Phelps Stokes Collection, Miriam and Ira D. Wallach Division of Art, Prints and Photographs, The New York Public Library, Astor, Lenox, and Tilden Foundations; p.16 courtesy of the George C. Neumann Collection, Valley Forge National Historic Park, photo by Cindy Reiman; p. 17 National Center for the American Revolution/The Valley Forge Historical Society; p. 20 Picture Collection, The Branch Libraries, New York Public Library, Astor, Lenox, and Tilden Foundations; p. 25 Art Resource, NY; p. 27 George Washington Papers, Manuscripts and Archives Division, The New York Public Library, Astor, Lenox, and Tilden Foundations; p. 28 © Kevin Fleming/Corbis.

Designer: Thomas Forget; Photo Researcher: Peter Tomlinson

CONTENIDO

CAPÍTULO 1	La guerra franco-india	4
CAPÍTULO 2	La guerra de independencia	12
CAPÍTULO 3	Presidente de la Nueva Nación	22
	Cronología	30
	Glosario	31
	Sitios Web	31
	Lista de fuentes primarias de imágenes	31
	Índice	32

1 LA GUERRA FRANCO-INDIA

George Washington lideró a los norteamericanos en su lucha para liberarse de Inglaterra durante la Guerra de Independencia. Entonces se convirtió en el primer presidente de Estados Unidos. Los norteamericanos lo consideran el padre de la patria.

OFICIAL DE LA COLONIA

Washington se retiró de la marina británica en 1758, al finalizar la guerra franco-india. Fue durante su participación en el ejército británico que aprendió técnicas militares y sus habilidades como líder.

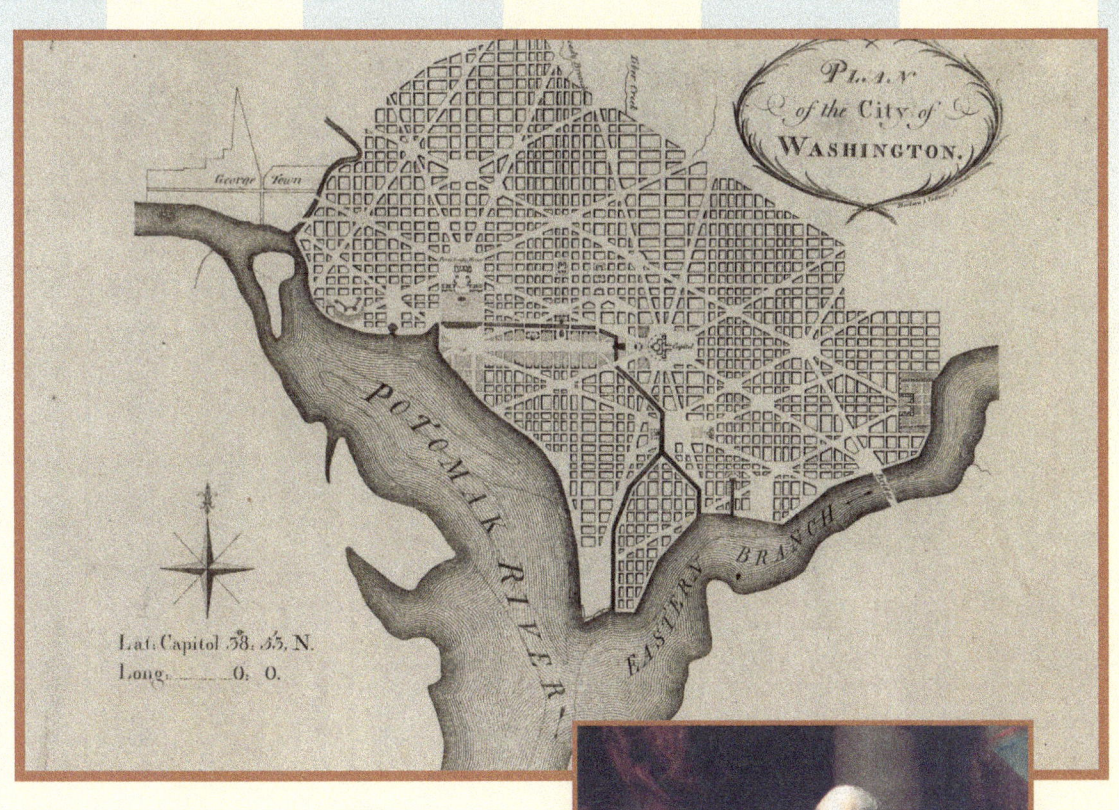

Arriba, un plano de la nueva capital de Washington. Debajo, un retrato de George Washington por Gilbert Stuart.

En 1748, cuando Washington tenía 16 años, comenzó a trabajar como agrimensor.

Los agrimensores confeccionaban mapas y planos de las tierras despobladas. George obtuvo un gran conocimiento del terreno en sus viajes de exploración.

Cuando su medio hermano, Lawrence, murió, George heredó su plantación en Virginia. Esta plantación se llamaba Mount Vernon.

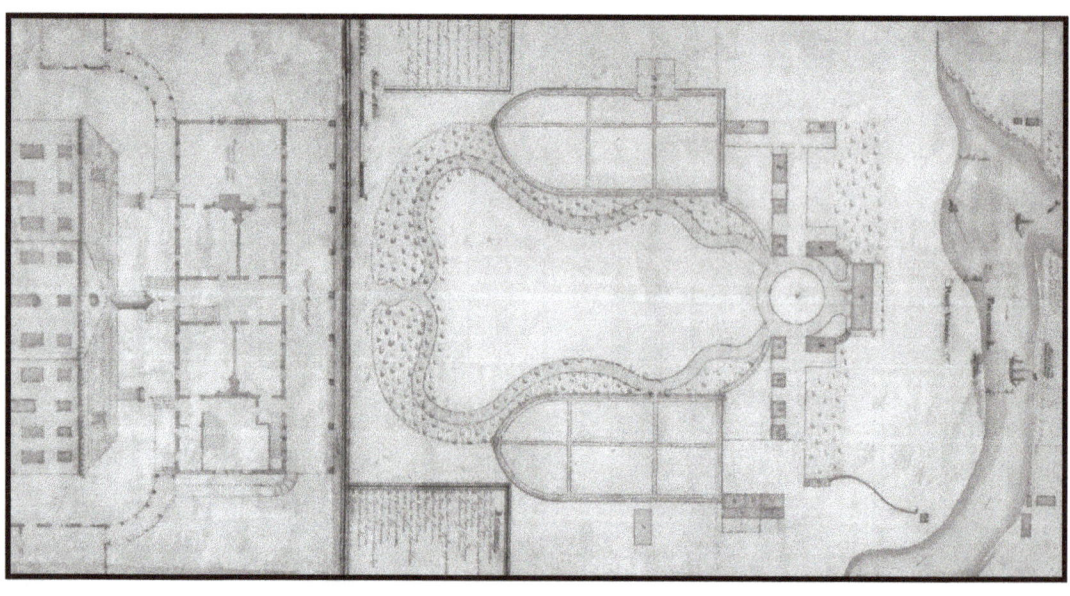

Plano horizontal de la propiedad de Washington en Mount Vernon, trazado por Samuel Vaughan y presentado a Washington en noviembre de 1787.

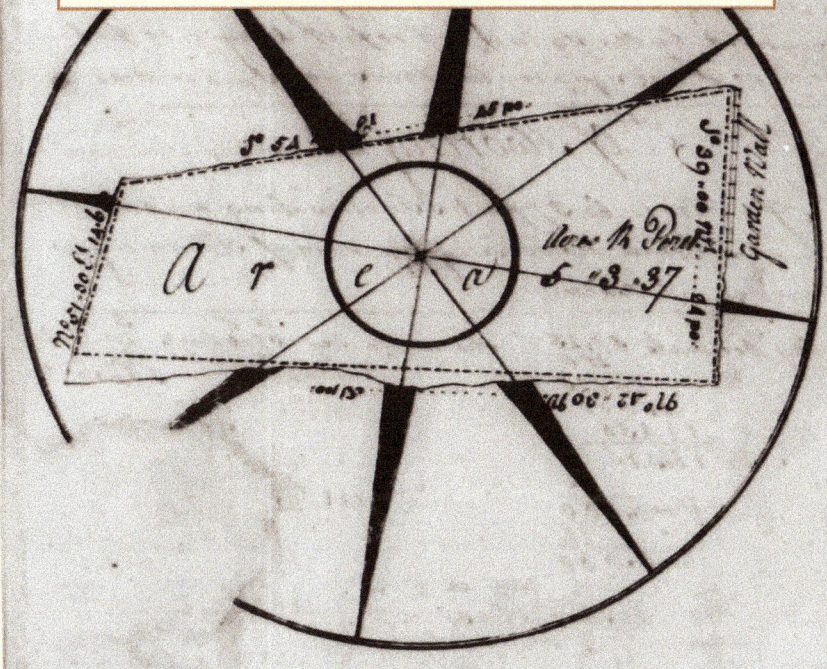

Notas de Washington de su trabajo como agrimensor cerca de Mount Vernon. Cuando su hermano Lawrence Washington (*inserto*) murió, George heredó Mount Vernon.

George se unió a la milicia de Virginia. En la milicia luchó junto a los ingleses, que dominaban las colonias de Norteamérica. La milicia luchó contra los franceses durante la guerra franco-india.

En 1759, George se casó con Martha Dandridge Custis, una viuda con dos hijos pequeños llamados Jacky y Patsy.

¿SABÍAS QUE...?

Cuenta la leyenda que George Washington tenía dientes de madera. Lo cierto es que tenía dentaduras hechas de diferentes materiales, incluyendo marfil de hipopótamo, dientes de vacas y metal.

Arriba, una pintura de la familia Washington. Cuando Washington se casó con Martha Custis, adoptó a sus dos hijos. A la izquierda, la dentadura postiza de Washington, hecha de marfil.

El gobierno británico tenía muchas deudas a causa de la guerra contra los franceses. Para pagar esas deudas, Inglaterra exigió impuestos de los colonos americanos. Pero los colonos no estaban representados en el gobierno de Inglaterra y muchos de ellos consideraron injusta esta medida. Entonces se aprestaron a luchar por su independencia.

Cuando Inglaterra impuso el Acta de Sellos, gravando todos los materiales impresos que llevaban sello, un periódico de Pensilvania sugirió una calavera y unas tibias cruzadas.

El joven Washington en uniforme de coronel del ejército colonial británico, el uniforme que usó durante la guerra franco-india.

2 LA GUERRA DE INDEPENDENCIA

En septiembre de 1774, George Washington asistió como representante de Virginia al Primer Congreso Continental en Filadelfia. Washington esperaba poder evitar una guerra contra Inglaterra, pero se convenció de que el gobierno británico era injusto.

UNA NACIÓN DIVIDIDA

Sólo una tercera parte de los colonos norteamericanos apoyaron la independencia. Un tercio era neutral y el otro tercio eran Tory, o en favor de los ingleses.

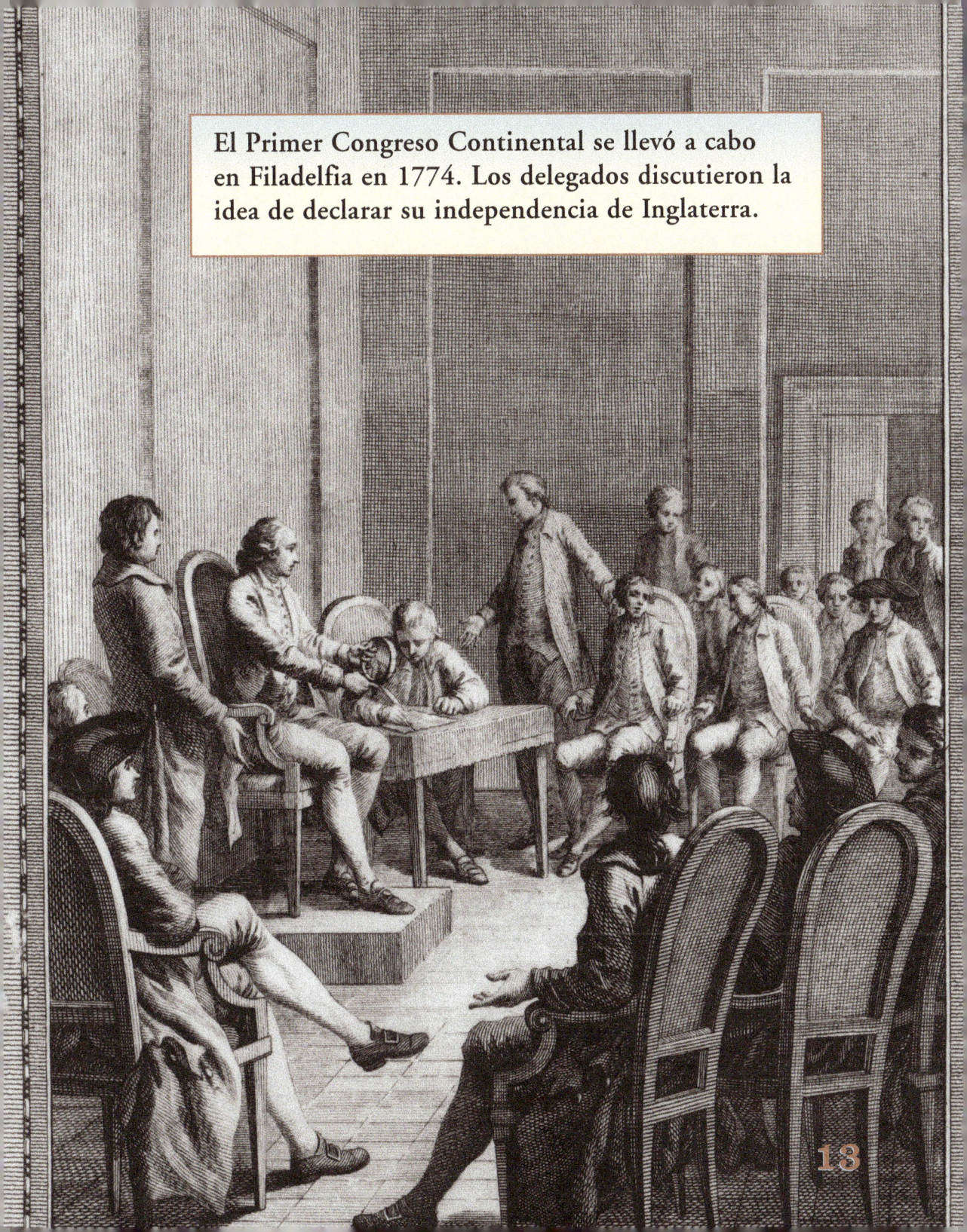

El Primer Congreso Continental se llevó a cabo en Filadelfia en 1774. Los delegados discutieron la idea de declarar su independencia de Inglaterra.

El 18 de abril de 1775, un grupo de soldados británicos marcharon a Concord, Massachusetts, para capturar las armas de los colonos. Paul Revere cabalgó toda la noche para avisarles que los ingleses se aproximaban. En el amanecer del 19 de abril se disparó la primera bala de la Guerra de Independencia.

Paul Revere cabalgando a la media noche. La mayor parte de los estadounidenses que respondieron a su llamado eran granjeros.

Las tropas británicas marchan por el pueblo de Concord, Massachusetts. Los ingleses fueron derrotados y obligados a retroceder con cuantiosas bajas humanas.

En junio de 1775, George Washington fue designado comandante en jefe del ejército norteamericano. Washington pensó que sus tropas podían librar importantes batallas contra los ingleses. Pero en el verano de 1776, los norteamericanos fueron derrotados en la famosa batalla de Brooklyn Heights. Washington se decidió por una estrategia de ataques por sorpresa y guerra de guerrillas.

Dos cantinas de madera como las usadas por los soldados del ejército continental.

Washington y sus tropas se retiran a Pensilvania después de la derrota sufrida en la batalla de Brooklyn.

Durante la noche de Navidad de 1776, Washington y sus tropas cruzaron el río Delaware para atacar por sorpresa a los ingleses en Trenton, Nueva Jersey. En una hora, el ejército norteamericano tomó más de 1,000 prisioneros ingleses.

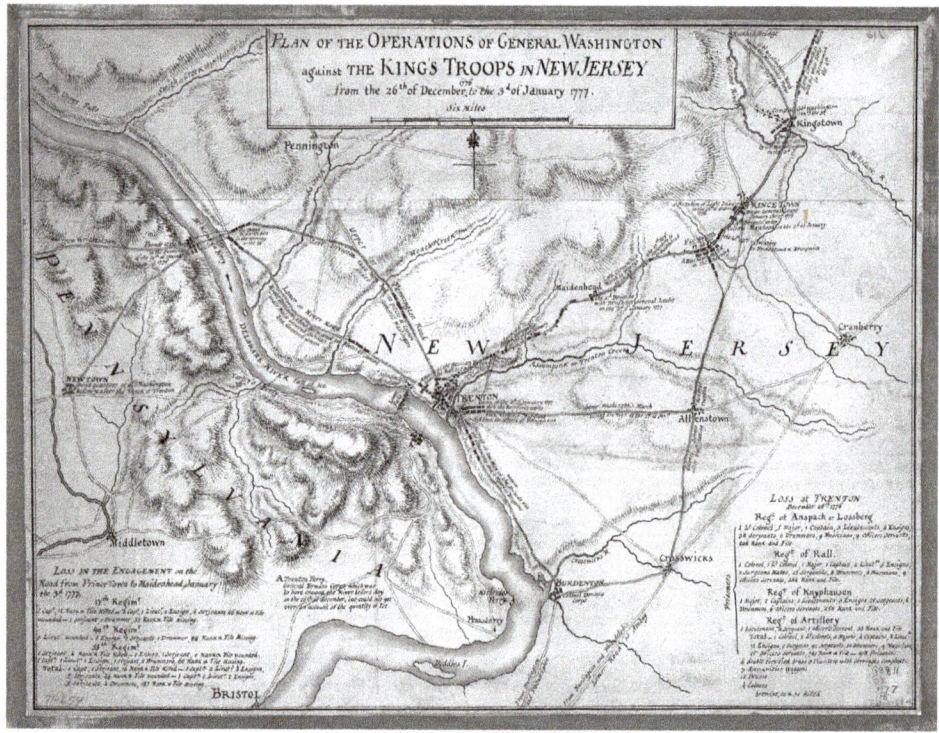

Este mapa muestra el ataque de la armada Continental en Trenton, sitio de una importante victoria para Washington.

Washington y sus tropas cruzan el río Delaware. Desde su campamento en Pensilvania, Washington lanzó audaces ofensivas hacia Nueva Jersey que acosaron a los ingleses.

Después de años de lucha, los norteamericanos rodearon a las tropas inglesas en Yorktown, Virginia. Allí, los ingleses se rindieron en 1781. Los norteamericanos habían ganado la Guerra de Independencia.

En mayo de 1787, George Washington asistió a la Convención Constitucional de Filadelfia. De esta convención surgió la Constitución de Estados Unidos.

La Convención Constitucional de Filadelfia en 1787 redactó una nueva constitución y creó un fuerte gobierno federal.

> Una primera versión impresa de la nueva Constitución, con notas y comentarios manuscritos de Washington.

No state shall, without the consent of Congress, lay imposts or duties on imports or exports, ~~with such consent,~~ but to the use of the treasury of the United States ~~;~~ keep troops ~~nor~~ ships

He
the same term, be elected ~~as follows~~ for

Each state shall appoint, in such manner as the legislature thereof may direct, a number of electors, equal to the whole number of senators and representatives to which the state may be entitled in Congress: but no senator or representative ~~shall be appointed an elector, nor any~~ person holding an office of trust or profit under the United States, *shall be appointed an Elector*. The electors shall meet in their respective states, and vote by ballot for two persons, of whom one at least shall not be an inhabitant of the same state with themselves. And they shall make a list of all the persons voted for, and of the number of votes for each; which list they shall sign and certify, and transmit sealed to the seat of the ~~general~~ government, directed to the president of the senate. The president of the senate shall in the presence of the senate and house of representatives open all the certificates, and the votes shall then be counted. The person having the greatest number of votes shall be the president, if such number be a majority of the whole number of electors appointed; and if there be more than one who have such majority, and have an equal number of votes, then the house of representatives shall immediately chuse by ballot one of them for president; and if no person have a majority, then from the five highest on the list the said house shall in like manner choose the president. But in choosing the president, the votes shall be taken by states ~~~~, the representation from each state having one vote. A quorum for this purpose shall consist of a member or members from two-thirds of the states, and a majority of all the states shall be necessary to a choice. In every case, after the choice of the president ~~by the representatives~~, the person having the greatest number of votes of the electors shall be the vice-president. But if there should remain two or more who have equal votes, the senate shall choose from them by ballot the vice-president.

The Congress may determine the time of chusing the electors, and *the day on* which they shall give their votes; ~~which day~~ shall be ~~on~~ the same ~~day~~ throughout the United States.

No person except a natural born citizen, or a citizen of the United States, at the time of the adoption of this constitution, shall be eligible to the office of president; neither shall any person be eligible to that office who shall not have attained to the age of thirty-five years, and been fourteen years a resident within the United States.

In case of the removal of the president from office, or of his death, resignation, or inability to discharge the powers and duties of the said office, the same shall devolve on the vice-president, and the Congress may by law provide for the case of removal, death, resignation or inability, both of the president and vice-president, declaring what officer shall then act as president, and such officer shall act accordingly, until the disability be removed, or ~~the period of his service expire~~ president ~~~~ *shall be elected*

The president shall, at stated times, receive *for his services a compensation* , which shall neither be encreased nor diminished during the period for which he shall have been elected. ~~and~~ *he shall not receive with in that period any other emolument from the United States or either of them*

Before he enter on the execution of his office, he shall take the following oath or affirmation: "I, ~~~~, do solemnly swear (or affirm) that I will faithfully execute the office of president of the United States, and will to the best of my ~~ability~~, preserve, protect and defend the constitution of the United States."

Sect. 2. The president shall be commander in chief of the army and navy of the United States, *when called into the actual service of the United States,* and of the militia of the several States: he may require the opinion, in writing, of the principal officer in each of the executive departments, upon any subject relating to the duties of their respective offices, ~~~~ and he shall have power to grant reprieves and pardons for offences against the United States, except in cases of impeachment.

He shall have power, by and with the advice and consent of the senate, to make treaties, provided two-thirds of the senators present concur; and he shall nominate, and by and with the advice and consent of the senate, shall appoint ambassadors, other public ministers and consuls, judges of the supreme court, and all other officers of the United States, whose appointments are not herein otherwise provided for, *and which shall be established by Law.* *But the Congress may by Law vest the appointment of such inferior officers, as they think*

The president shall have power to fill up all vacancies that may happen during the recess of the senate, by granting commissions which shall expire at the end of their next session.

Sect. 3. He shall from time to time give to the Congress information of the state of the u~~~~ and recommend to their consideration such measures as he shall judge necessary and expedient; he may, on extraordinary occasions, convene both houses, or either of them, and in case of disagreement between them, with respect to the time of adjournment, he may adjourn them to such time as he shall think proper; he shall receive ambassadors and other public ministers; he shall take

21

3 PRESIDENTE DE LA NUEVA NACIÓN

Cuando llegó el momento de elegir un presidente, George Washington fue el candidato favorito del pueblo. Al contarse los votos en el nuevo colegio electoral, se comprobó que Washington había recibido todos los votos. John Adams fue elegido vicepresidente. George Washington juró como primer presidente de Estados Unidos el 30 de abril de 1789.

COMPROMISO POLÍTICO

La elección del presidente por el colegio electoral fue un compromiso político, de modo que los estados con un gran número de ciudadanos libres no dominaran el gobierno.

Arriba, el Salón Federal, la primera sede del gobierno en la ciudad de Nueva York. Abajo, una copia del discurso inaugural de Washington, al aceptar la presidencia de Estados Unidos.

Una de las primeras tareas del presidente Washington fue crear departamentos dentro del gobierno. Washington creó los Departamentos de Guerra, del Tesoro y de Estado. Henry Knox fue designado secretario de guerra. Alexander Hamilton se convirtió en secretario del tesoro. Thomas Jefferson fue designado secretario de estado.

Este documento fue redactado por Thomas Jefferson mientras prestaba servicio como secretario de estado. El documento muestra su firma.

George Washington y su gabinete. Thomas Jefferson, secretario de estado, es el segundo a la derecha.

Al finalizar su mandato, Washington no quería continuar siendo presidente. Sin embargo, cuando se contaron los votos, había sido elegido nuevamente. Finalmente, en 1797, Washington se retiró de la presidencia.

En su discurso de despedida, George Washington aconsejó a los norteamericanos evitar las alianzas permanentes y las facciones políticas dentro del país.

UNA CARRERA CON HONORES

Durante su vida, George Washington recibió grados honoríficos de las universidades de Harvard, Yale y Brown. Hoy en día, estas universidades pertenecientes a la *Ivy League* están consideradas entre las mejores de país.

Friends, & Fellow-Citizens

The period for a new election of a Citizen, to administer the Executive government of the United States, being not far distant, and the time actually arrived, when your thoughts must be employed in designating the person, who is to be cloathed with that important trust, it appears to me proper, especially as it may conduce to a more distinct expression of the public voice, that I should now apprise you of the resolution I have formed, to decline being considered among the number of those, out of whom a choice is to be made. —

I beg you, at the same time, to do me the justice to be assured, that this resolution has not been taken, without a strict regard to all the considerations appertaining to the relation, which binds a dutiful citizen to his country — and that, in withdrawing the tender of service which silence...

> Una copia del discurso de despedida de Washington a la nación después de servir dos términos como presidente.

...for your past kindness; but am supported by a full conviction...

George Washington se sintió feliz de regresar a su casa de Mount Vernon. En diciembre de 1799, pescó una infección en la garganta mientras montaba a caballo bajo un cruento clima invernal. El 14 de diciembre de 1799 murió en su cama. Tenía 67 años de edad.

Una estatua de George Washington a caballo corona un pedestal en el Jardín Público próximo a Boston Common, en Boston, Massachusetts.

Un grabado de George Washington en su lecho de muerte. Las infecciones simples podían ser fatales en el siglo XVIII.

CRONOLOGÍA

1732—Nace George Washington.

1748—Washington se convierte en agrimensor a la edad de 16 años.

1759—Washington se casa con Martha Dandridge Custis.

1774—En septiembre, Washington asiste al Primer Congreso Continental de Filadelfia.

1775—El 19 de abril, se dispara el primer proyectil de la Guerra de Independencia, en Massachusetts; en junio, Washington es designado comandante en jefe del ejército continental.

1776—El 4 de julio, el Congreso aprueba la Declaración de Independencia; la noche de Navidad, Washington y sus tropas atacan por sorpresa a las tropas inglesas.

1781—En octubre, los ingleses se rinden en Yorktown.

1783—En diciembre, Washington se retira del ejército.

1789—El 30 de abril, Washington jura como primer presidente de Estados Unidos.

1797—Washington se retira como presidente. El vicepresidente John Adams es elegido segundo presidente de Estados Unidos.

1799—En diciembre, Washington pescó una infección en la garganta. Muere a la edad de 67 años.

GLOSARIO

colonia (la) Un asentamiento de personas en un país nuevo que aún está controlado por otro país.
declaración (la) Una enunciación formal.
deuda (la) Algo que se debe.
impuestos (los) Dinero que el gobierno toma de los ciudadanos para pagar sus gastos.
milicia (la) Un ejército de ciudadanos que sirven como soldados en una emergencia.
plantación (la) Una granja muy grande donde crecen cosechas.
rendir (se) Admitir la derrota ante el enemigo y deponer las armas.
representante (el, la) Un vocero elegido por un grupo de personas.
viuda (la) Una mujer cuyo esposo ha muerto. Cuando es la esposa del hombre la que ha muerto, a éste se le llama viudo.

SITIOS WEB

Debido a las constantes modificaciones en los sitios de Internet, Rosen Publishing Group, Inc. ha desarrollado un listado de sitios Web relacionados con el tema de este libro. Este sitio se actualiza con regularidad. Por favor, usa este enlace para acceder a la lista:

http://www.rosenlinks.com/fpah/gwas

LISTA DE FUENTES PRIMARIAS DE IMÁGENES

Página 5: Plano de la ciudad de Washington por Pierre Charles L'Enfant, Filadelfia, 1792, en la Biblioteca del Congreso. Retrato de George Washington por Gilbert Stuart, 1792, la National Portrait Gallery.
Página 6: Plano horizontal de Mount Vernon por Samuel Vaughan, 1787.
Página 7: Cuaderno que usó Washington en su segunda escuela (1747-1748), ahora en la División de Manuscritos de la Biblioteca del Congreso. Inserto: Lawrence Washington, pintado por John Wollaston en 1738, óleo sobre lienzo, cortesía de la Asociación de Damas de Mount Vernon.
Página 9: *La familia Washington* por Edward Savage (1761-1796), óleo sobre lienzo, National Gallery of Art.
Página 10: Grabado en madera del *Pennsylvania Journal and Advertiser*.
Página 11: Retrato de George Washington como oficial colonial británico, por Charles Wilson Peale, óleo sobre lienzo, 1772, que se encuentra en la Universidad Washington and Lee, Lexington, Virginia.
Página 13: Un grabado de Francois Godefoy que representa el Primer Congreso Continental, Carpenter Hall, Filadelfia, 1774.
Página 14: *Despierto...* por William Robinson Leigh, pintado en 1917.
Página 15: *Una vista del pueblo de Concord*, grabado de 1775 de Sidney L. Smith, inspirado en una pintura de Amos Doolittle, en la actualidad en la Biblioteca Pública de Nueva York.

Página 19: *Washington cruzando el Delaware* por Emanuel Gottlieb Leutze, 1851.
Página 20: La Convención Constitucional, Filadelfia, 1787.
Página 21: Borrador de la Constitución con anotaciones manuscritas de Washington, ahora en la División de Manuscritos de la Biblioteca del Congreso.
Página 23 (abajo): Borrador manuscrito del primer discurso inaugural de George Washington, dirigido al Congreso en el Federal Hall de la ciudad de Nueva York, 1789. Ahora se encuentra en la División de Manuscritos de la Biblioteca del Congreso.
Página 25: Retrato de George Washington y de su gabinete por Gilbert Stuart, 1805, ahora en la National Portrait Gallery.
Página 27: Borrador final del discurso de despedida de George Washington, 1796, Biblioteca del Congreso.
Página 29: George Washington en sus últimos días, atendido por los doctores Craik y Brown, Currier e Ives, un grabado coloreado a mano, 1800, cortesía de la Asociación de Damas de Mount Vernon.

ÍNDICE

A
Adams, John, 22
agrimensores, 6
ataques por sorpresa, 16

B
Brooklyn Heights, batalla de, 16

C
colegio electoral, 22
colonias/colonialistas, 8, 10, 14
comandante en jefe, 16
Concord, Massachusetts, 14
Constitución de Estados Unidos, 20
Convención Constitucional, 20
Curtis, Martha Dandridge, 8

D
Delaware, río, 18
dentaduras, 8
Departamento de Estado, 24
Departamento de la Guerra, 24
Departamento del Tesoro, 24
discurso de despedida, 26

F
Filadelfia, 12, 20
franceses, 8, 10

G
grados honoríficos, 26
guerra franco-india, 4, 8
guerra de guerrillas, 16
Guerra de Independencia, 4, 14, 20

H
Hamilton, Alexander, 24

I
impuestos, 10
independencia, 4, 10

J
Jefferson, Thomas, 24

K
Knox, Henry, 24

M
Mount Vernon, 6, 28

R
Revere, Paul, 14

T
Trenton, Nueva Jersey, 18

V
viajes de exploración, 6
Virginia, 6, 8, 12, 20
Virginia, milicia de, 8

W
Washington, Lawrence, 6

Y
Yorktown, derrota de, 20

ACERCA DEL AUTOR

Tracie Egan es escritora independiente. Tracie vive en la ciudad de Nueva York.